BIJOUX

DE

Mlle GABY DESLYS

Paris — Juin 1920

SUCCESSION

DE

Mademoiselle GABY DESLYS

CONDITIONS DE LA VENTE

La vente sera faite au comptant.

Les acquéreurs paieront **dix pour cent** en sus des enchères.

L'ordre numérique ne sera pas suivi.

Paris. — Imp. Georges Petit. — 488-20.

MAGNIFIQUES BIJOUX

COLLIERS DE GROSSES PERLES D'ORIENT

SAUTOIRS DE PERLES

TOUR DE COU

portant quatre grosses Perles d'Orient, deux Perles poires blanches
une très belle Perle poire noire

PENDENTIF formé d'un très gros Brillant

COLLIER

formés de rubans festonnés pavés de Brillants supportant cinq poires Brillants

SAUTOIR EN BRILLANTS

PENDENTIF EN ÉMERAUDES ET BRILLANTS

Sacs en Platine, en Or — Bagues — Bracelets

DONT LA VENTE AUX ENCHÈRES PUBLIQUES
EN VERTU D'ORDONNANCE
AURA LIEU A PARIS

GALERIE GEORGES PETIT, 8, rue de Sèze

Le Lundi 28 Juin 1920, à deux heures et demie

COMMISSAIRES-PRISEURS

Mᶜ HENRI BAUDOIN	Mᶜ RAYMOND WARIN
10, rue Grange-Batelière, 10	113, boulevard Haussmann, 113

EXPERTS

M. G. FALKENBERG	M. ROBERT LINZELER
7, rue Meyerbeer, 7	9, rue d'Argenson, 9
M. POLLACK	M. A. REINACH
rue Saint-Ferréol, MARSEILLE	17, rue Drouot, 17

EXPOSITIONS

PARTICULIÈRE : *le Samedi 26 Juin 1920, de deux heures à six heures*
PUBLIQUE : *le Dimanche 27 Juin 1920, de deux heures à six heures*

DÉSIGNATION

I

TOUR DE COU

Sur un fil rond de platine qui se ferme en haut du cou, sont fixés, au centre, un très beau brillant navette et quatre très grosses perles boutons, deux de chaque côté du brillant. Le brillant supporte une très belle perle noire et, de chaque côté, pendent deux perles blanches, toutes trois en forme de poire, surmontées de petits brillants. Un brillant forme le fermoir.

Le poids des perles est indiqué de gauche à droite en regardant le bijou.

Première Perle poire blanche. . . . 100 gr. 64.
Deuxième Perle poire blanche. . . . 109 gr. 88.
Perle poire noire. . . . . 140 gr. 92.
Première Perle bouton. . . . . . 69 gr. 12.
Deuxième Perle bouton. . . . . . 116 gr. 28.
Troisième Perle bouton. . . . . . 101 gr. 92.
Quatrième Perle bouton . . . . . 70 gr. 80.

2

COLLIER

Il est formé de quarante-neuf perles d'Orient, en chute. Le fermoir, en platine, sertit un brillant rectangulaire.

Poids des quarante-neuf perles. . . . 921 gr. 60.

3

COLLIER

Il est formé de cinquante-neuf perles d'Orient, en chute. Le fermoir, en platine, sertit un brillant rectangulaire.

Poids des cinquante-neuf perles. . . 996 gr. 60.

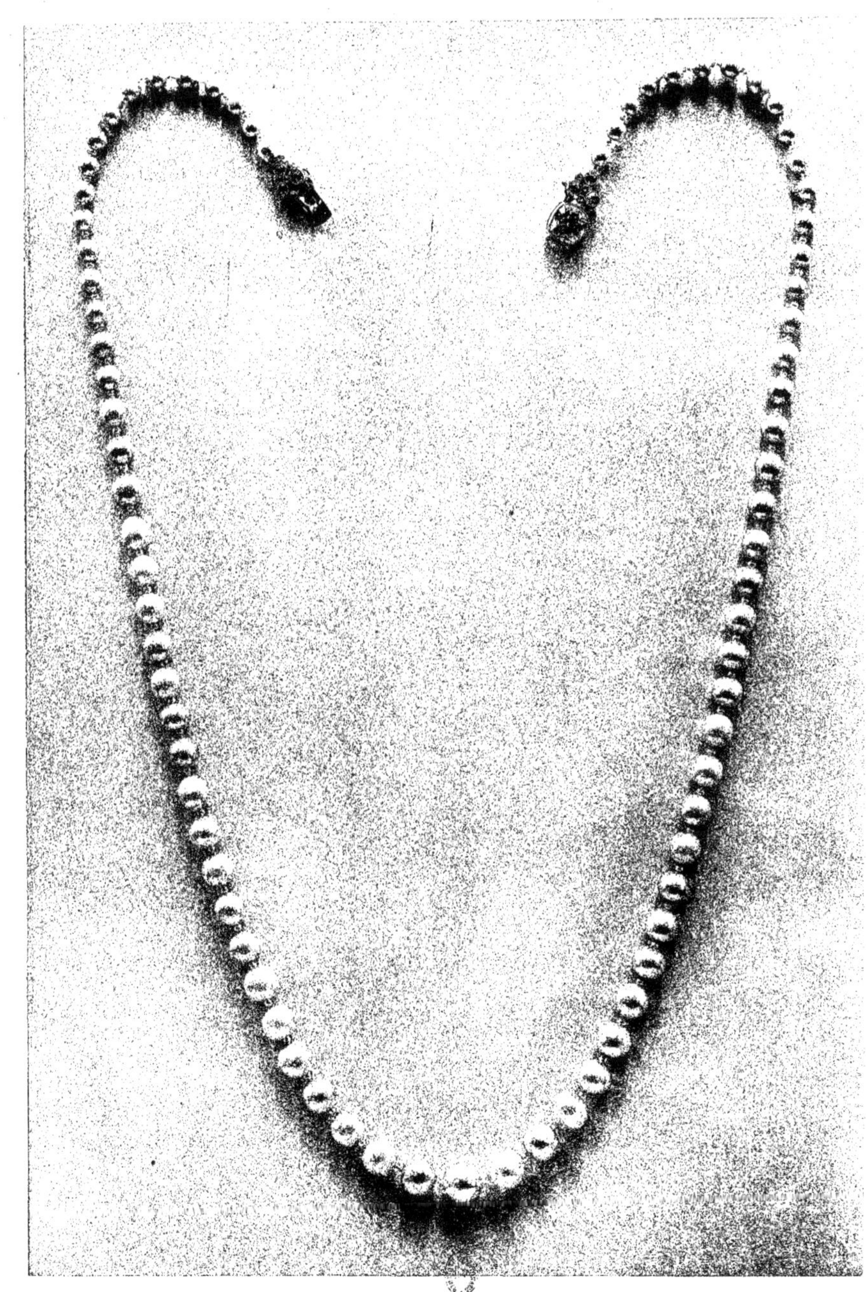

4

COLLIER

Il est formé de soixante-dix-neuf perles d'Orient, en chute. Le fermoir, en platine, sertit un brillant rectangulaire.

Poids des soixante-dix-neuf perles. . . . 1.026 gr. 32.

5

SAUTOIR

Il est formé de cent cinquante-quatre perles d'Orient, en chute de chaque côté. Le fermoir, en platine, à quatre lobes, est formé de feuilles de chêne pavées de brillants et de roses dont les glands sont formés de perles.

Poids des cent cinquante-quatre perles. 1.389 gr. 36.

6

COLLIER

En joaillerie de platine, il est constitué par deux rubans festonnant formant, au centre, un nœud à double coque. Sous chaque feston tombent trois brillants. Aux intervalles des quatre festons du centre et sous le nœud, sont attachées des pampilles de brillants poires entourés de brillants.

7

COLLIER

Il est formé de cinquante et un brillants ronds montés dans des chatons de platine, à emmaillements. Au centre, il porte un motif d'entrelacs dans lequel sont trois brillants.

6

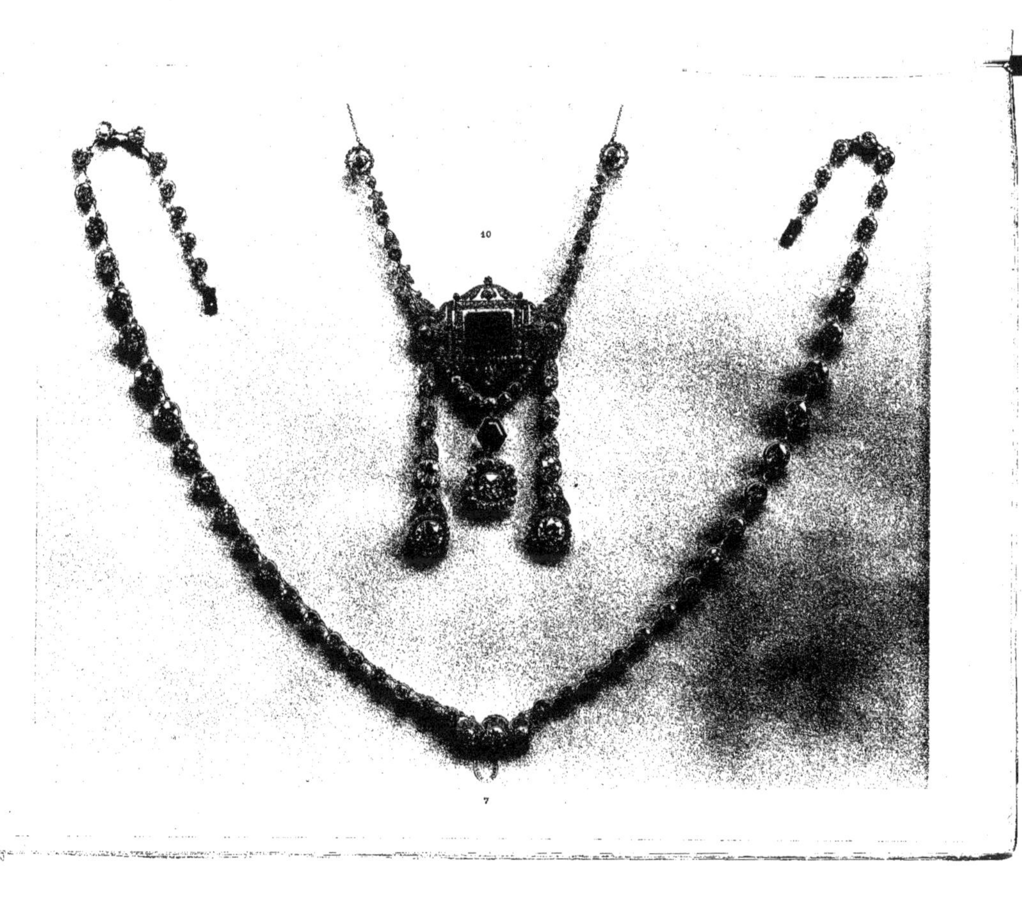
10
7

8

COLLIER

Des rubis calibrés, montés sur or, forment une
ligne souple, dont les maillons du centre, rigides,
se terminent en pointe et supportent une grosse
perle poire blanche.

9

PENDENTIF

Un très grand brillant rectangulaire, entouré d'onyx
et monté sur platine, est suspendu à deux lignes
d'onyx reliées par un coulant d'onyx et prolongées
par une chaîne de platine.

10

PENDENTIF

Une émeraude rectangulaire est entourée de brillants comme d'un cadre. En haut et en bas, des culots pavés de brillants. A droite et à gauche, deux brillants, entourés de petits brillants, servent d'attache au bijou. Des feuillages souples en brillants leur servent d'attache. Sous le cadre, une guirlande de brillants supporte une émeraude hexagonale surmontant un brillant carré entouré de petits brillants. A droite et à gauche de cette pampille, tombent deux autres pampilles tout en brillants.

11

PENDENTIF

Un petit carré de platine, serti de brillants, encadre un brillant carré et blanc.

12

PENDENTIF

Rond, en platine repercé, les ornements en sont pavés de brillants et de roses. Il porte, au centre, une grosse perle blanche.

13

PENDENTIF

Une perle blanche en forme le centre et est entourée de festons pavés de brillants et de roses. La monture est en platine.

14

BAGUE

Ronde et large, elle porte, au centre, un gros brillant qu'entourent huit brillants. La monture est en platine.

15

BRACELET

Il est formé d'une chaîne gourmette, en platine, ornée, au centre, de trois saphirs et de quatre brillants alternés.

16

BRACELET

Il est formé d'une courroie en tissu platine dont
la boucle et les passants sont pavés de roses.

17

BRACELET ET BAGUE

Des poils d'éléphant, montés en or, les constituent.

18

SAC DE DAME

En tissu de platine, son fermoir est orné d'une
bande de brillants et les deux boules du fermoir
sont faites de deux perles. Sur le tissu, et sur une
face, sont disposés régulièrement des losanges pavés
de brillants.

19

SAC DE DAME

Tout en or vert, son fermoir est en forme
d'ogive ; le tissu, très fin et très souple, se termine
en pointe et supporte un gland d'or terminé par
des perles. A l'intérieur du sac, un petit miroir ovale
est relié par une chaînette au fermoir. Un ruban en
tissu d'or, formant bracelet, permet de le suspendre
au bras.

20

CEINTURE ET AGRAFE

Elles sont composées, l'une et l'autre, de pièces d'or des États-Unis reliées par des emmaillements en or. Dix-sept pièces de 20 dollars pour la ceinture. Une de 20 dollars, une de 10 dollars, une de 5 dollars, une de 2 dollars et demi, pour l'agrafe.

www.ingramcontent.com/pod-product-compliance
Ingram Content Group UK Ltd.
Pitfield, Milton Keynes, MK11 3LW, UK
UKHW020055100726
13658UKWH00004B/1769